www.casterman.com

ISBN 2-203-14464-5

Imprimé en France par Pollina, Luçon - n° L95041
Dépôt légal février 2005; D2005/0053/64
Déposé au ministère de la Justice (loi n° 49.956 du 16 juillet 1949 sur les publications destinées à la jeunesse).

JE L'AI FAIT TOUT SEUL !

casterman

TABLE DES MATIÈRES

1

INTRODUCTION

Ce livre propose des activités faciles, réalisables rapidement et le plus souvent à partir de matériaux de récupération.
Il s'adresse tant aux enfants de la maternelle qu'aux plus grands : en effet, l'aspect utile, ludique ou décoratif de la plupart des objets permettra à chaque âge d'y trouver son compte.

Tous les auteurs de ces pages animent des ateliers et travaillent une création personnelle. Les idées qu'ils proposent sont donc expérimentées sur le terrain. Leur but est de faire découvrir des matériaux variés et d'apprendre des techniques multiples sans jamais oublier l'aspect esthétique et le plaisir de créer tout simplement.

Cet ouvrage sera un vrai compagnon de plaisir tant en famille qu'en milieu scolaire ou d'animation.

Les matériaux à utiliser sont indiqués en tête de chaque planche explicative. L'aptitude principale favorisée par l'activité est également mise en évidence.
Des logos mentionnent la durée et le degré de difficulté de chaque projet.

Très facile | facile | moins facile

La qualité principale requise par l'activité est également indiquée.

Très rapide | rapide | moins rapide

DES ANIMAUX EN TOUS GENRES

Serpents croisillons

MATÉRIEL

motricité

7 attaches parisiennes • de la gouache • un peu de papier vert • du carton

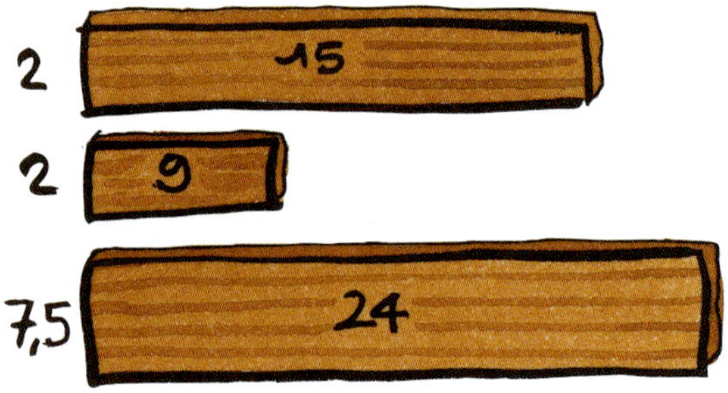

1 Dans le carton, découpez des bandes de :
- 15 x 2 cm (4x)
- 9 x 2 cm (1x)
- 24 x 7,5 cm (1x)

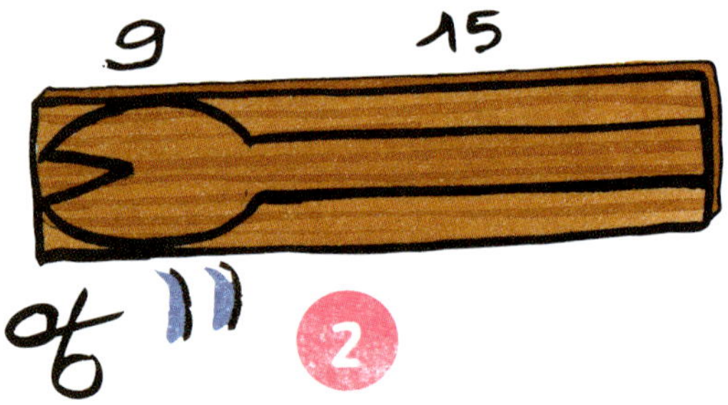

2 Dans la plus grande bande, découpez la tête et le cou.

3 Peignez tous les éléments en jaune.

4

Placez les éléments comme sur le croquis. Faites un trou au milieu des croisements dans les 2 épaisseurs.

5

Piquez les attaches parisiennes dans ces trous.

6

Peignez le haut du serpent en rouge, l'œil en blanc, ajoutez des points marron.
La langue est découpée dans du papier vert collé au dos.
Rapprochez les 2 baguettes : le serpent s'allonge !
Très menaçant !

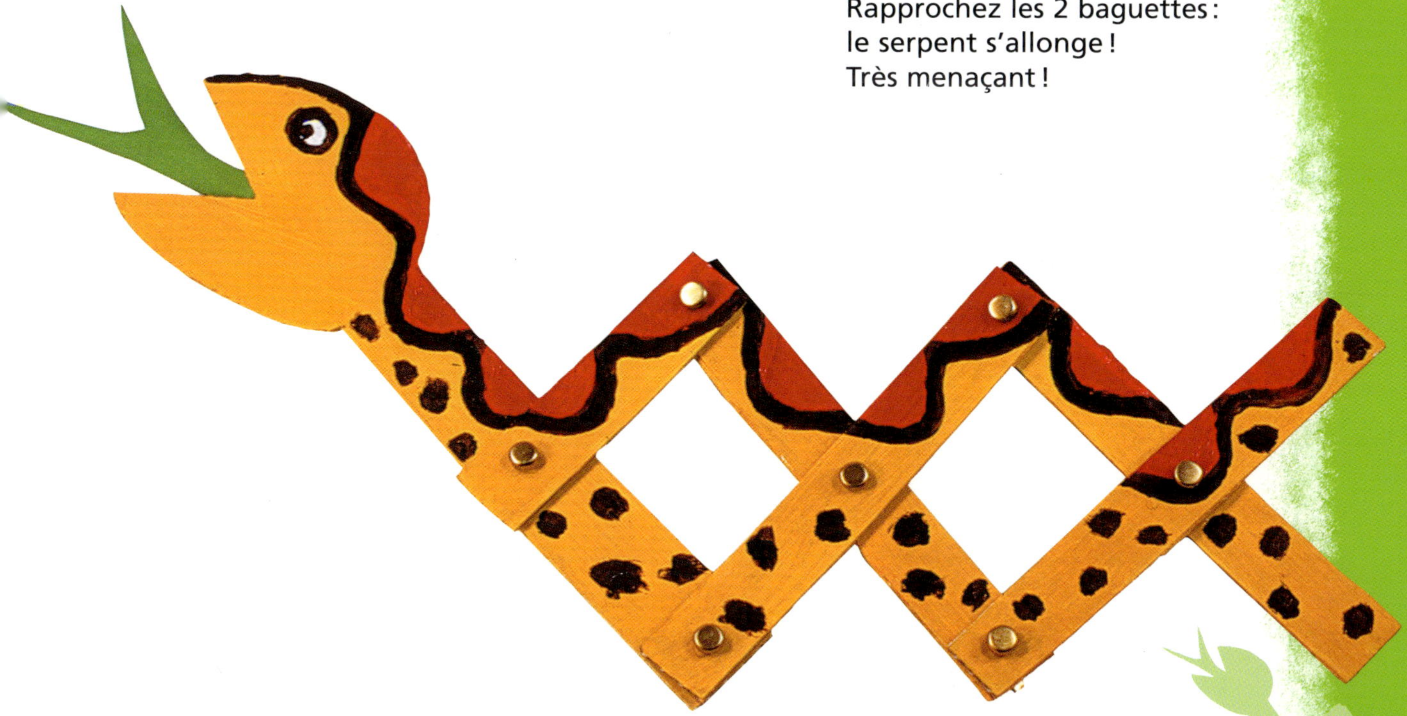

Poule balancier

MATÉRIEL

du papier fort de couleur • une bille • des feutres

1. Dessinez, décorez et découpez deux poules identiques au ventre bien arrondi (gabarit p. 123).

2. Pliez une longue bandelette en trois et, à l'aide des ciseaux, crantez régulièrement les bords extérieurs.

3

Côté non-décoré d'une poule, enduisez le bas du ventre de colle forte. Appliquez-y un côté cranté de la bandelette en commençant par la queue.

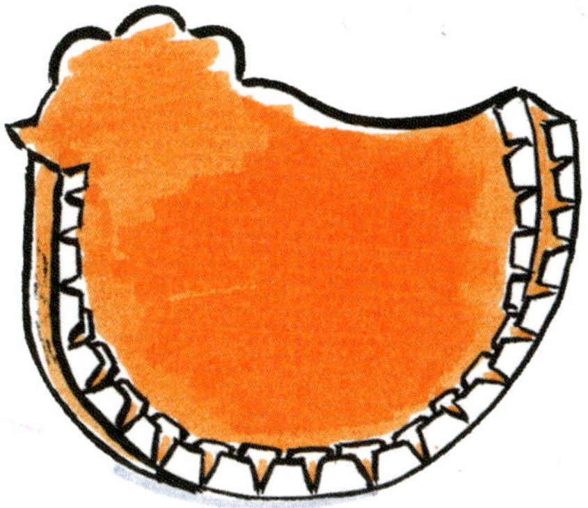

4

Collez l'autre poule sur l'autre partie crantée, attendez que ce soit sec et glissez-y une bille, elle picorera en se balançant.

Oiseau décoratif

MATÉRIEL

motricité

un bloc en bois • une pique de brochette • du fil de fer épais • du papier collant • des bandelettes de papier kraft • de la colle à tapisser

1. À l'aide d'une vrille, percez un trou dans le bloc de bois et enfoncez-y la pique de brochette.

2. Donnez une forme de S au fil de fer et attachez-y 2 boulettes de papier chiffonné.

3 Entourez le corps de l'oiseau avec les bandelettes imbibées de colle à tapisser. Pressez bien le tout.

4 Une fois l'oiseau sec (24 heures), percez un trou dans son ventre et mettez-le sur son socle. Ajoutez des yeux, des ailes et une queue (gabarit p. 123)

Éléphants étiquettes

MATÉRIEL

motricité

feuilles de couleurs différentes

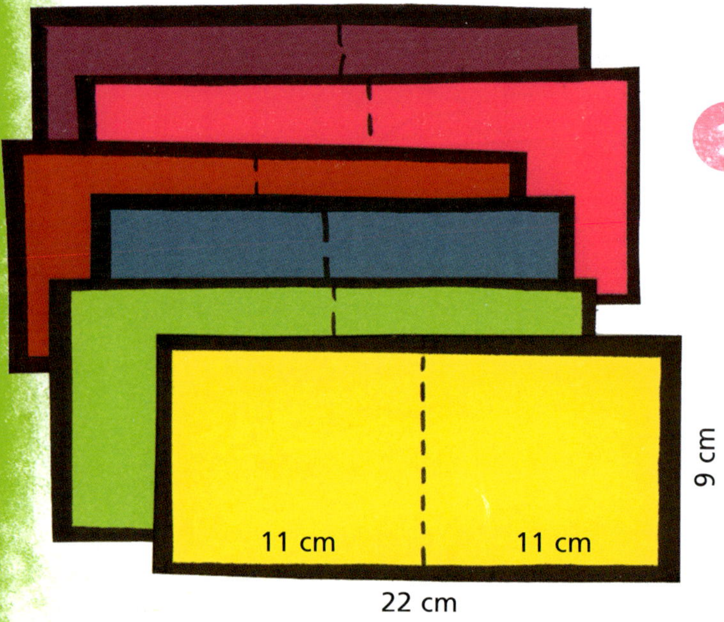

1 Décalquez le modèle et reportez-le sur une feuille de couleur pliée en 2. Découpez en double épaisseur sauf au niveau du pli.

2 Décalquez l'oreille et reportez-la sur un autre papier de couleur. Découpez.

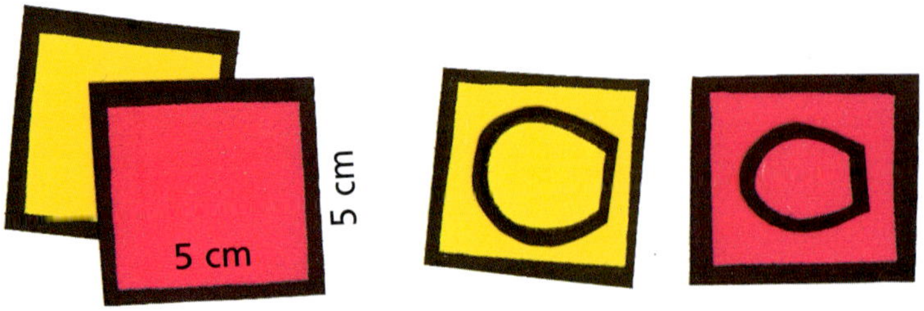

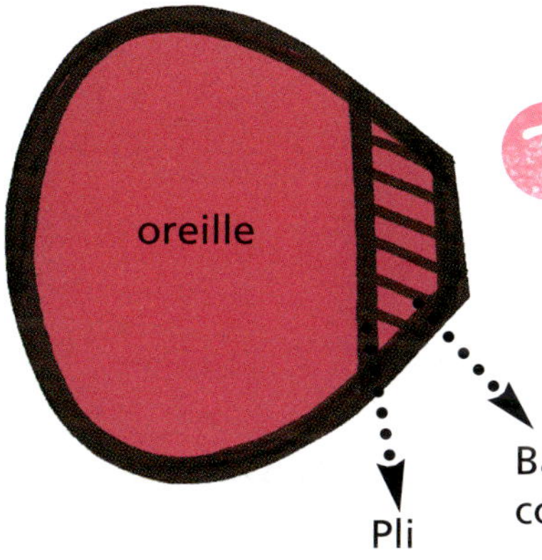

3 Pliez l'oreille sur une largeur de 1 cm. Collez-la sur l'éléphant. Dessinez l'œil et la bouche.

Vous pouvez découper autant d'éléphants que d'invités et écrire le nom de chacun à l'intérieur de la petite carte.

Carte pop-up

MATÉRIEL

notions d'espace

du papier de couleur • des marqueurs ou de la peinture • des ciseaux • de la colle

1 Pliez la feuille de couleur en 2. À environ 6 cm l'un de l'autre, faites 2 crans de quelques centimètres au centre de la carte.

2 Ouvrez la carte et pliez la languette centrale en sens inverse.

3 Sur la languette, dessinez à la peinture ou au marqueur, un museau d'animal.

4 Sur le fond, dessinez le reste de la tête en vous aidant du gabarit (p. 120).

Ardoise nounours

MATÉRIEL

notions d'espace

de la peinture pour tableau noir • deux cartons • de la peinture • une pince à linge • une craie

1 Avec de la peinture pour tableau noir, peignez un des cartons au rouleau.

2 Dessinez et découpez une grande tête d'ours et 2 pattes dans l'autre carton (gabarit p. 122).

3 Peignez en brun la tête et les pattes en tamponnant et ajoutez-y des yeux et un nez.

4 Collez les pattes et la tête au-dessus du carton peint et, dans le bas, une pince à linge pour tenir la craie.

La chenille

MATÉRIEL

notions de rythme

6 feuilles de couleurs différentes •
5 attaches parisiennes

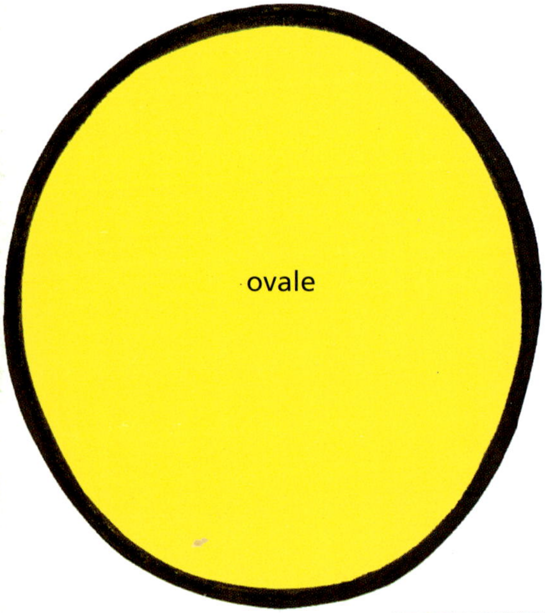

1 Décalquez l'ovale et reportez-le sur les 6 feuilles de couleur. Découpez.

En ajoutant 5 ovales, on pourra noter les chiffres de 1 à 10 sur le corps de la chenille pour apprendre à compter.

2 Faites un trou avec une pointe dans le premier ovale et dans le dernier. Faites 2 trous dans les 4 autres. Passez les attaches parisiennes.

3 Découpez et collez les antennes (une devant une derrière la tête). Dessinez l'œil et la bouche.

Girafe et zèbre rigolos

MATÉRIEL

du carton • des rondelles de carton coloré • une aiguille • des perles • du fil de fer

1. Dessinez, décorez et découpez l'avant et l'arrière des animaux dans du carton suivant les gabarits (p. 122). Avec une aiguille, percez un petit trou au centre de chaque pièce.

2. Enfilez une perle sur le fil de fer. Rabattez le petit bout autour de la perle et tournez-le afin de faire un nœud.

3 Enfilez ensuite les perles, les dessins et les rondelles comme sur le modèle.

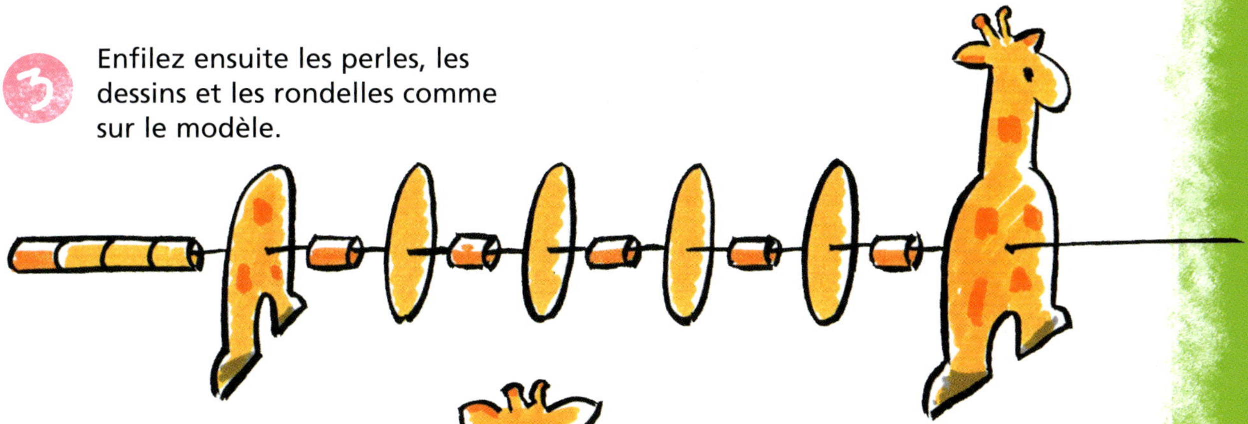

4 Resserrez le tout et rentrez le fil restant dans l'autre sens.

Lion en cage

MATÉRIEL

un carton fort • des piques à brochette • 2 bandelettes de carton ondulé

1 Sur le carton fort, dessinez un lion au feutre. (gabarit).

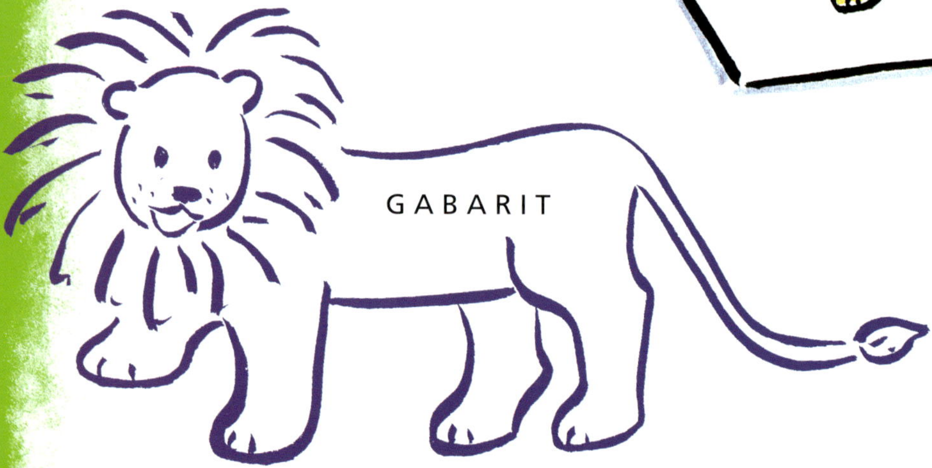

2 Collez une bandelette de carton ondulé sur le bas du dessin (les ondulations doivent être verticales.)

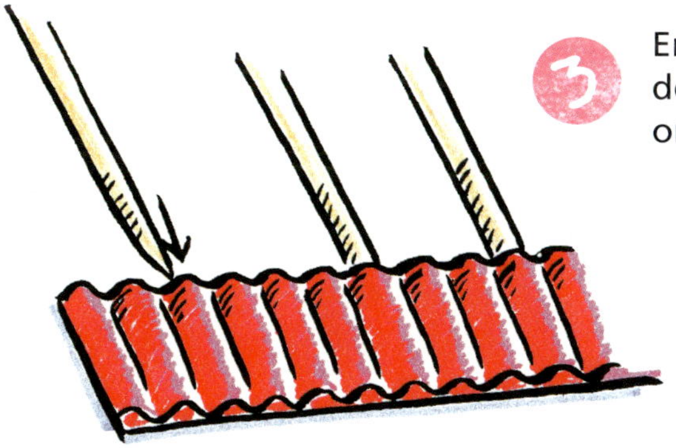

3 Enfoncez les piques de brochette de manière régulière dans les ondulations du carton.

4 Faites de même de l'autre côté des piques avec l'autre bandelette de carton ondulé et collez-la ensuite sur le haut du dessin.

Oiseaux de paradis

MATÉRIEL

POUR UN OISEAU :
2 alvéoles • 1 pointe • 2 plumes n de la colle n de la gouache • 1 pointe (un clou) • une aiguille longue • du fil

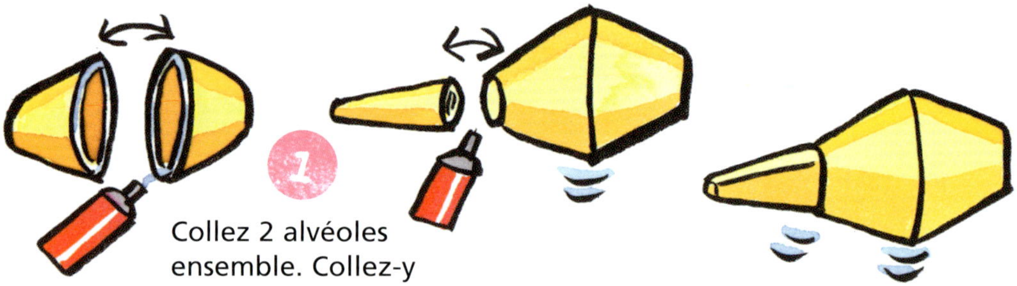

1 Collez 2 alvéoles ensemble. Collez-y une pointe.

2 Peignez le corps, le bec, l'œil.

3 Avec le clou, faites un trou, à l'arrière. Enfoncez-y la plume.

4 Pour suspendre l'oiseau, enfoncez une aiguillée de fil entre les alvéoles. Enfoncez une plume dans le trou sur la tête.

MONTAGE DU MOBILE
Disposez les oiseaux, à plat, sous la baguette.
Attachez-les à la baguette grâce aux aiguillées de fil.

Le coq à crayons

MATÉRIEL

créativité

une boîte de 6 œufs • du bristol • 7 crayons de couleur • 7 plumes de même couleur • 2 plumes • de la colle ou de l'adhésif double face • de la gouache • 1 pointe (un clou)

1 Calquez la tête du coq, reportez-la sur le bristol, découpez-la.

2 Peignez la boîte ainsi que la tête (crête, bec, œil). Ajoutez des petits points.

3 Demandez à un adulte de tracer une fente sur la boîte. Introduisez-y la tête.

4 Collez les plumes sur les crayons.

5 Avec le clou, préparez les trous des crayons. Agrandissez-les en y introduisant les crayons bien taillés, en les tournant. Collez 2 plumes sur le côté pour les ailes.

Hérisson fleuri

MATÉRIEL

terre à modeler qui sèche sans cuisson • des pailles • gouache • ciseaux

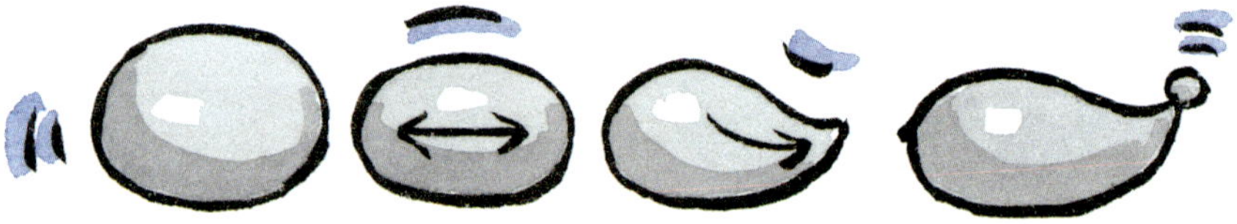

1 Roulez une boule de terre comme une orange. Allongez-la, faites une pointe, collez une petite boule dessus.

2 Coupez les pailles en tronçons de 3 cm.

3 Piquez-les sur le hérisson en commençant par le milieu. Puis sur les côtés, verticalement.

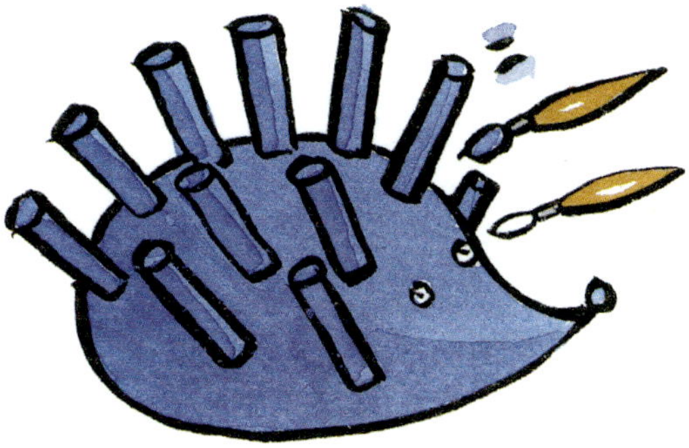

4 Laissez tel quel ou peignez.
Marquez les yeux.
Il ne reste plus qu'à couper les petites fleurs et à les introduire dans les pailles.

Papillons cacahuètes

MATÉRIEL

équilibre

des cacahuètes • du papier de couleur • de la colle • des ciseaux • 1 aiguille et du fil

1 Collez une boule de cotillon sur une cacahuète. Peignez le tout.

2 Calquez cette demi-forme. Reportez-la sur du papier de couleur. Découpez-la.

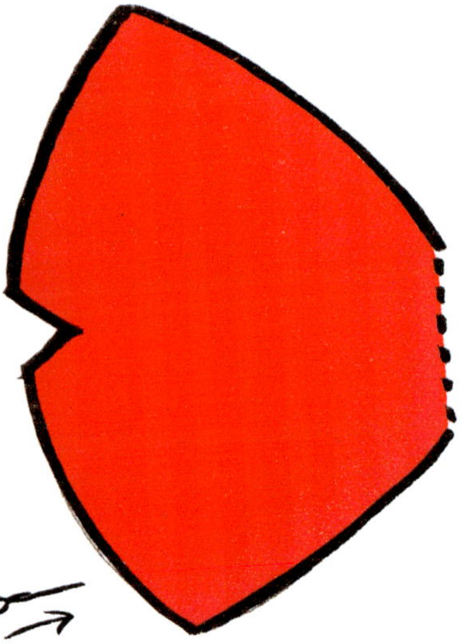

3 Collez 2 ronds de couleur sur les ailes. Piquez une aiguillée de fil.

4 Collez les cacahuètes au milieu des ailes, en cachant le nœud du fil.

DES PERSONNAGES AMUSANTS

Matriochkas

MATÉRIEL

image du corps

de la colle • un compas • de la gouache • du papier à dessin blanc • des ciseaux

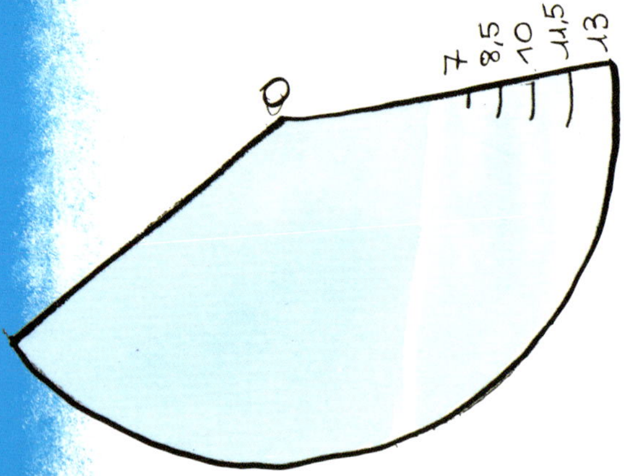

1 Faites 5 cônes à partir de ronds de papier.

2 Au compas, tracez la taille, le bonnet. Dessinez les cheveux. Peignez la jupe, le visage, les cheveux et le bonnet.

3 Dessinez et peignez des expressions différentes : calme, joyeux, endormi, triste, coléreux.

4 Fermez les cônes en les collant au dos.

5 Découpez et collez un petit nœud.

6 Disposez les matriochkas les unes à côté des autres ou empilées en une seule personne.

Message d'indien

MATÉRIEL

équilibre

du carton mousse (ou emballage) • des plumes • de la peinture • des perles • de la ficelle • un cure-pipe ou de la laine • des crayons • des ciseaux

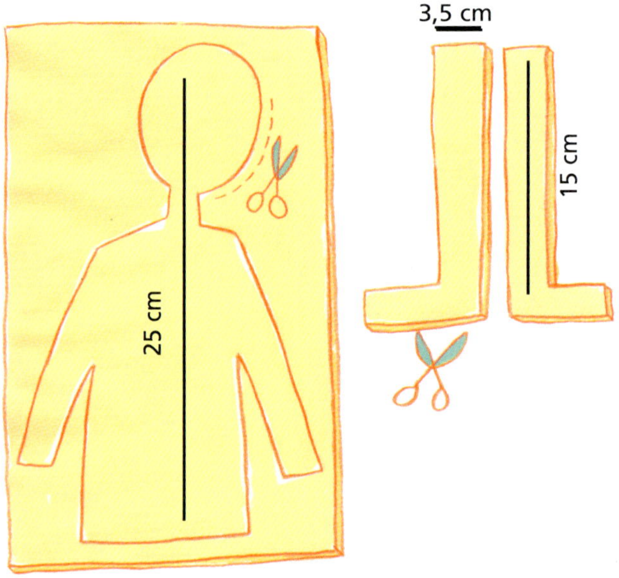

1. Découpez le corps et les jambes dans du carton fort (dimensions : hauteur corps ± 25 cm • jambes largeur (en haut) ± 3,5 cm • longueur ± 15 cm).

2. Découpez 2 encoches d'1cm en bas du corps à 1 cm de chaque bord, une en haut de chaque jambe. Emboîtez.

3 Découpez des encoches d'1 cm sur la tête.

4 Peignez, collez des cheveux (cure-pipes ou brins de laine), ajoutez des colliers, etc. et glissez des cartes de visite, des photos pour faire la coiffe.

Le couple plein tube

MATÉRIEL

motricité

des rouleaux d'essuie-tout • des ciseaux • des crayons • des peintures • des pinceaux

1

Tracez le contour de la tête et du cou ainsi que les jambes de chaque côté.

2

Découpez une entaille pour le nez et deux de chaque côté à hauteur des bras.

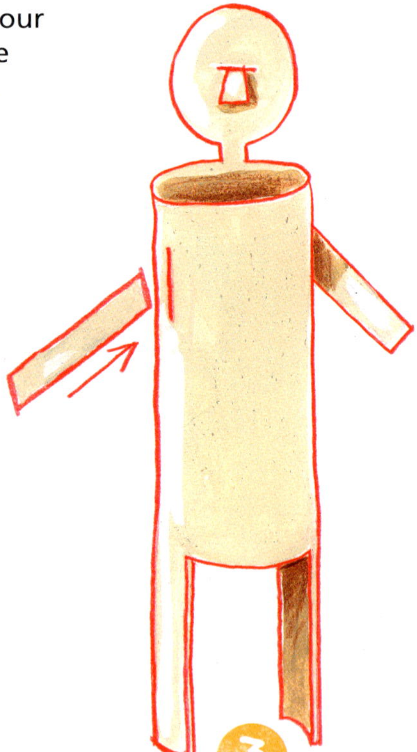

3

Insérez le nez et les bras découpés dans les chutes de carton.

4 Peignez le visage et les vêtements selon votre imagination.

Mister Ping et Mme Pong

MATÉRIEL

créativité

De petites boîtes d'emballage (savon, allumettes, dentifrice) • des balles de ping-pong • de la colle • du carton • des ciseaux • des peintures acryliques • des pinceaux

1 Coupez le fond des boîtes.

2 Découpez des bras sur les côtés.

3 Collez 2 languettes de carton à l'intérieur de la boîte et une balle de ping pong au sommet.

4 Peignez.

DRÔLES DE BALLES

Vous pouvez évidemment varier le volume des boîtes et des balles. Des balles de polystyrène de grandeurs différentes sont disponibles dans tous les magasins d'activités manuelles et d'arts graphiques. Il sera amusant de typer tes personnages avec des signes très simples qui évoquent directement leur fonction ou leur caractère.

Le groom BD

Plouc le déserteur

Cadre royal

MATÉRIEL

1 carton A4 • 1 feuille A4 de couleur claire • 1 photo d'identité • 1 carton d'onduline A4 • brins de laine, rubans... • feutres • colle

1 Collez la feuille sur le carton.

2 Découpez la tête de la photo, collez-la un peu au-dessus du milieu de la page. Tracez les limites d'un grand manteau.

3 Collez des brins de laine pour les cheveux, des morceaux de tissus pour les vêtements, la couronne, etc. Décorez le fond au feutre.

4 Découpez et collez le cadre en 4 cm de large.

Le dodu dodelinant

MATÉRIEL

équilibre

une boîte ronde • une boule de polystyrène ou une balle de ping-pong • une épingle • une bille • de la peinture • des cure-pipes

1 Peignez le couvercle d'une boîte ronde de manière à évoquer le corps d'un gros bonhomme.

2 Peignez un visage sur une boule de polystyrène.

3 Fixez celle-ci sur le couvercle à l'aide d'une épingle enfoncée à l'intérieur du couvercle.

4 Faites 2 trous de chaque côté de la boîte. Passez-y des cure-pipes pour faire les bras.

5 Mettez une bille dans la boîte.
Fermez le couvercle.
…Dodu dodeline doucement
dès que vous le touchez
légèrement.

Jo le désossé

Schéma corporel

MATÉRIEL

du carton • des attaches parisiennes • de la peinture • des ciseaux

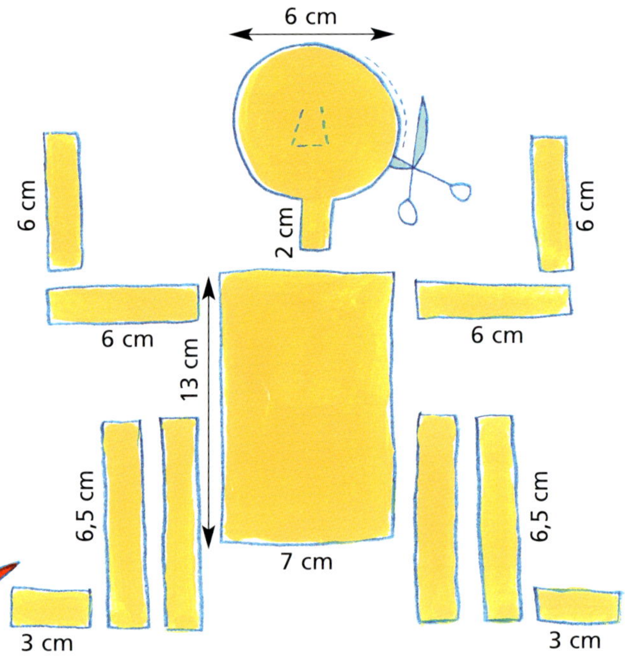

1 Découpez les différents éléments dans le carton (les dimensions peuvent être plus grandes que celles suggérées).

2 Peignez.

3 Percez les trous à 0,5 cm des bords.

4 Assemblez à l'aide des attaches parisiennes. Raccourcissez éventuellement les pattes des attaches.

Ciboulot le rigolo

MATÉRIEL

créativité

2 gobelets en carton • carton fort • bouchon de bouteille en plastique (eau minérale, soda) • brins de laine • ciseaux • colle • peinture acrylique • pinceaux

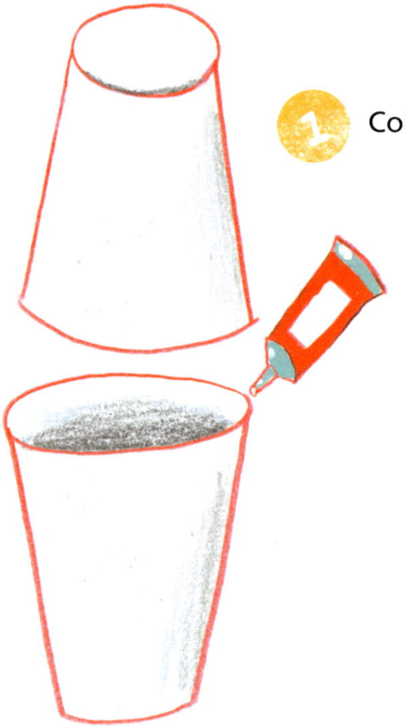

1 Collez les 2 gobelets.

2 Découpez une tête, 2 mains et 2 grands pieds dans du carton.

3 Collez les éléments.

4 Peignez. Une fois sec, collez le bouchon-nez.

Chorale des clowns

MATÉRIEL

motricité

1 boîte de 6 œufs • 6 pointes • 6 boules de cotillon • du papier de couleur • de la colle • de la gouache

1 Peignez le couvercle d'une couleur vive, ainsi que le rebord des alvéoles. Peignez les 6 pointes et les 6 boules de couleurs différentes.

2 Sur les alvéoles, peignez les têtes en rose, les cheveux en violet.

3 Après séchage, peignez les yeux, le nez, la bouche, les joues.

4 Collez les boules sur les pointes, les pointes sur les têtes. Dans les papiers de couleur, découpez des nœuds papillons. Collez-les sous les têtes de clowns.

Les flageolants

MATÉRIEL

schéma corporel

de la pâte à modeler qui sèche à l'air • de la grosse ficelle ou de la corde de coton

1 Formez le corps et la tête dans la pâte à modeler.

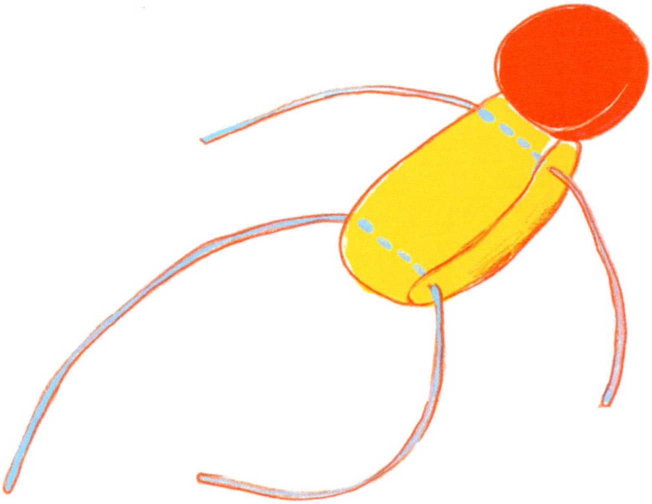

2 Insérez-y par derrière une longueur de corde à hauteur des bras et jambes.

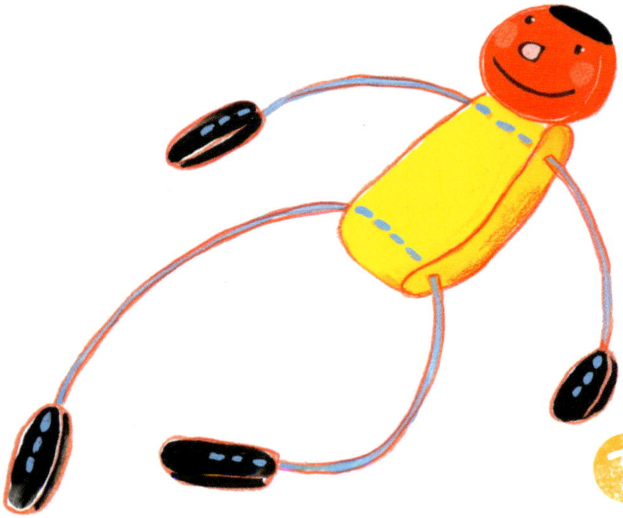

3 Ajoutez les pieds, les mains et un visage. Peignez celui-ci éventuellement, une fois la pâte sèche.

4 Vous pouvez utiliser une boîte en carton à la place de la pâte à modeler.

LE TRIO

Dessinez la forme tronc-tête sur du carton ondulé à l'intérieur. Découpez et glissez un cure-pipe à hauteur des bras et un autre à hauteur des jambes dans l'épaisseur du carton. Ajustez alors la longueur et plantez un petit morceau de cure-pipe pour le nez. Décorez. N'oubliez pas les cheveux.

Mamzelle chaussette

MATÉRIEL

motricité

une chaussette « tube » (sans talon) • un élastique • des chiffons • des boutons • du fil • de la colle • des ciseaux • des brins de laine

1 Enfoncez une boule de chiffon au fond de la chaussette. Créez un espace à l'aide d'un crayon. Enroulez l'élastique autour du cou. Pincez un peu de tissu et nouez un fil pour faire le nez.

2 Percez 2 trous pour les bras.

3 Collez ou cousez les cheveux, les yeux, la bouche.

4 Glissez le pouce et le majeur par les ouvertures, l'index dans la tête. Animez la marionnette.

DES FLEURS ET UNE MAISON

Arbre des 4 saisons

MATÉRIEL

créativité

deux cartons forts • de la peinture

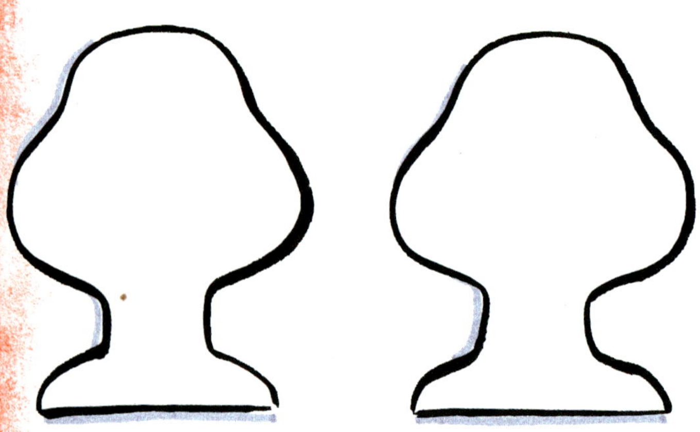

1 Découpez 2 arbres identiques et symétriques dans les cartons (gabarit p. 121).

2 Verticalement, crantez-en un du haut jusqu'au centre et l'autre du bas jusqu'au centre.

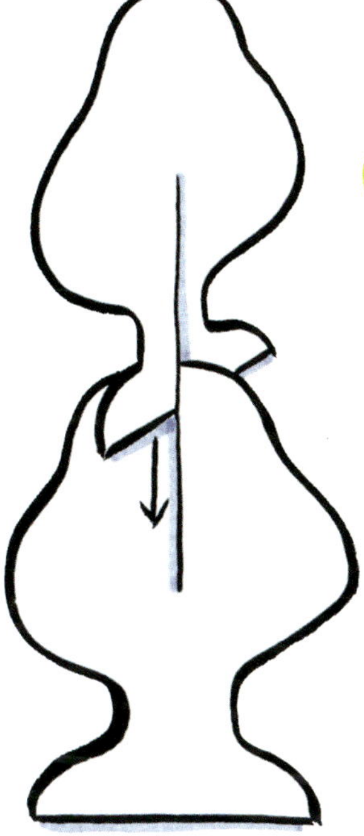

3

Emboîtez les deux arbres l'un dans l'autre.

4

Il ne vous reste plus qu'à peindre les 4 parties en tamponnant à la manière des impressionnistes. Jaune/orange pour l'automne, blanc/bleu pâle pour l'hiver, rose pour le printemps, et différents verts pour l'été.

Fleurs en papier

créativité

MATÉRIEL

du papier crépon d'un ou 2 couleurs + du vert • des ciseaux • un gros fil • une baguette fine de 25 cm de long • un pinceau • de la colle

1 Découpez quatre carrés de 15 cm de côté : 3 en couleur, 1 en vert, ainsi qu'une bande verte de 30 x 2 cm (environ).

2 Pliez les carrés en quatre puis en deux.

3 Dessinez deux pétales, découpez les huit épaisseurs ainsi qu'un petit morceau au centre. Dépliez.

4 Passez un pinceau mouillé d'eau colorée (un peu d'encre ou de gouache) sur les bords des pétales.

5 Collez une petite bande de papier repliée sur l'extrémité de la baguette.

6 Superposez les quatre carrés découpés, enfilez-les sur la baguette, serrez en dessous avec du gros fil, nouez-le.
Il ne reste plus qu'à défroisser et donner des formes aux pétales.

Ta couleur préférée

MATÉRIEL

couleurs

6 feuilles de couleurs différentes • 1 morceau de papier rose • 1 attache parisienne

1 Décalquez le modèle du pétale et reportez-le 6 fois sur chaque feuille de papier de couleur. Découpez.

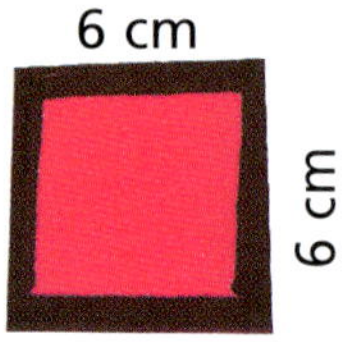

2 Tracez un rond sur la feuille rose et découpez. Faites un trou avec une pointe au centre du rond et à l'extrémité de chaque pétale.

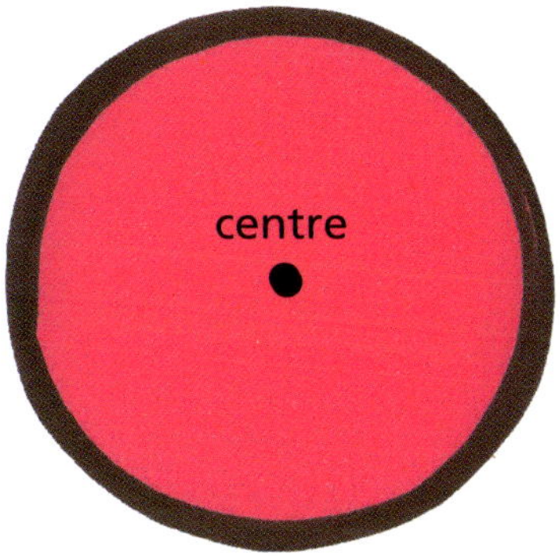

3 Passez l'attache parisienne d'abord au centre du rond rose, puis dans chaque pétale.

4 Inscrivez au dos de chaque pétale une petite apostrophe (par exemple : « vous êtes un canard », « vous êtes un chien », « vous êtes un âne », « vous êtes un chat », « vous êtes une petite souris »).

En montrant la fleur, demandez à quelqu'un de désigner sa couleur préférée. Il devra pousser le cri de l'animal indiqué sur le pétale choisi.

Carte je t'aime

MATÉRIEL

notions d'espace

1 feuille violette • 1 feuille rose •
3 morceaux de papier (vert pomme, vert foncé, jaune)

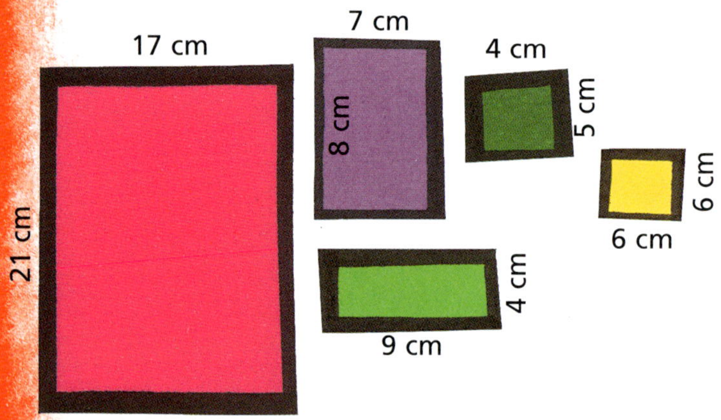

1 Décalquez le modèle du pétale violet et reportez-le 5 fois. Décalquez et reportez le centre jaune, la tige et la feuille. Découpez.

2 Collez l'extrémité de chaque pétale derrière le centre jaune.

3 Collez la tige et la feuille vertes sur la carte rose.

4 Mettez de la colle sur le centre jaune et pas sur les pétales. Collez-le au bout de la tige. Inscrivez sur le centre jaune « je t'aime », et sous chaque pétale « un peu », « beaucoup », « passionnément », « à la folie », « pas du tout ».

Demandez à quelqu'un de dire un chiffre de 1 à 5. Comptez ensuite le nombre de pétales correspondant à ce chiffre, soulevez et dites combien vous l'aimez.

Plantation de jonquilles

MATÉRIEL

notions d'espace

3 boîtes de 6 œufs • 6 crayons • un peu de papier vert • de la gouache • de la colle • une pointe (1 clou)

1

FABRICATION D'UNE FLEUR
Prenez 2 alvéoles et 1 pointe.
Découpez les 2 alvéoles en fleur à 3 pétales.
Ôtez des petits triangles sur la pointe.
Faites de même pour les 6 fleurs.

2

PEINTURE
Peignez les fleurs en jaune, les piquants en orange, le couvercle en rouge, les alvéoles en vert.

3

MONTAGE D'UNE FLEUR
Avec la pointe, faites un trou au milieu des pétales, de la pointe et des alvéoles. Piquez dedans un crayon bien taillé. Posez de la colle entre les éléments.

4

Dans le papier vert découpez les feuilles, collez-les sur les crayons.

5

Piquez les crayons dans les alvéoles de la boîte peinte.

Feuilles en chocolat

MATÉRIEL

motricité

des feuilles à nervures saillantes avec la queue (rosier par exemple) du chocolat à cuire (ou pâtissier) • du papier d'aluminium • un pinceau propre, pas trop fin

1 Disposez les feuilles sur du papier d'aluminium côté envers.

2 Cassez le chocolat en morceaux, faites-le fondre au bain-marie.

3 Trempez le pinceau dans le chocolat, badigeonnez le dos des feuilles.

4 Placez le tout au réfrigérateur (30 minutes minimum).

5 Sortez les feuilles quand le chocolat est bien durci. Délicatement, ôtez la feuille avec la queue.

Les coquelicots

MATÉRIEL

créativité

POUR UN COQUELICOT :
3 alvéoles • des ciseaux • de la gouache • de la colle

1 PRÉPARATION
Sur deux alvéoles : dessinez 2 pétales très larges. Découpez-les, arrondissez les angles. Découpez 1 rond dans la troisième alvéole.

2 PEINTURE
Peignez les pétales en rouge, le cœur en vert bordé de noir.

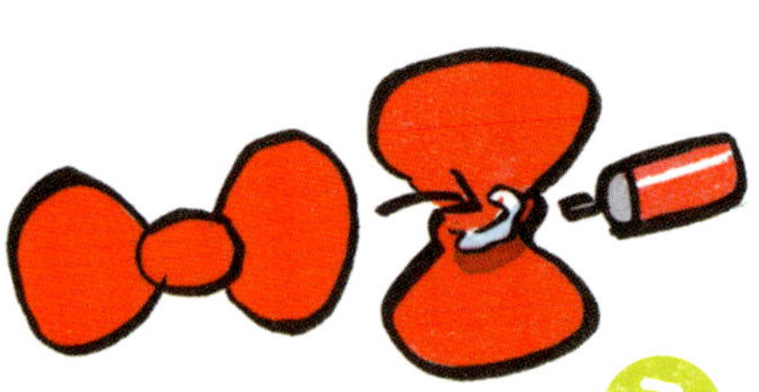

3 MONTAGE
Superposez les pétales, collez-les. Collez un cœur au milieu.

4 UTILISATION

Un marque-place par invité :
Glissez un bristol entre 2 pétales, avec le nom de l'invité.

Un panneau décoratif :
Avec des coquelicots et une coccinelle.

5

Des magnets pour le frigo :
Collez un aimant sous chaque coquelicot. Appliquez vos messages grâce aux coquelicots aimantés.

Bracelets fleurs

MATÉRIEL

90 cm de fil nylon • une perle à écraser • des perles moyennes roses, vertes • de grosses perles jaunes • des feuilles vertes • une pince plate • des ciseaux

1 PROCÉDÉ : FIL DOUBLE
Attachez le fermoir au centre du fil par un double tour. Sur les 2 fils, enfilez 1 perle verte.

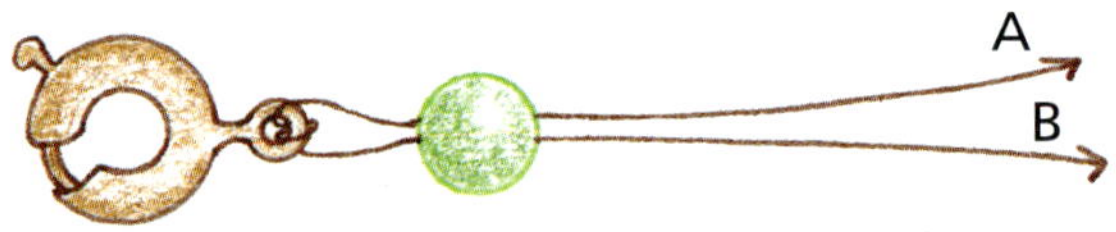

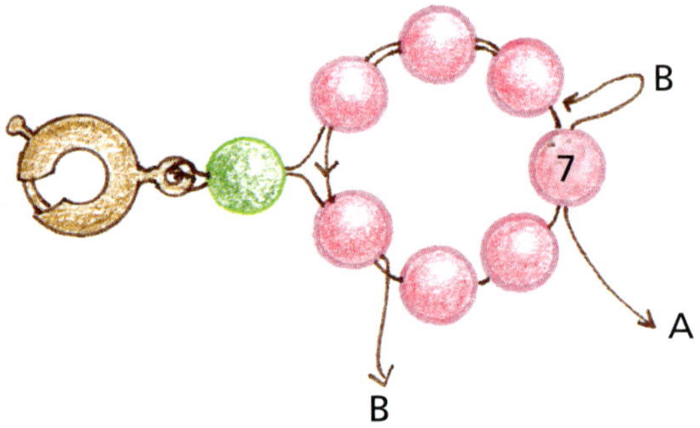

2 LA FLEUR : sur chaque fil, enfilez 3 perles roses puis passez les 2 fils en sens inverse dans une autre perle rose 7.

Repassez le fil B dans quatre perles roses comme l'indique le schéma. Serrez bien le cercle obtenu.

3

4 Enfilez une perle jaune et repassez le fil dans la perle 7. Les deux fils se retrouvent dans le même sens. Faites un petit nœud.

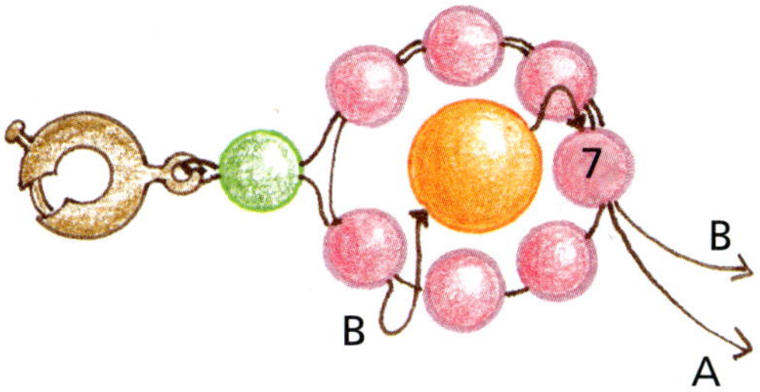

5 Sur les 2 fils, réalisez la tige en enfilant : 2 perles vertes, la feuille, 3 perles vertes. Faites plusieurs fleurs selon la longueur voulue. Pour donner un effet « zig zag », changez le sens du tour du fil de la fleur et utilisez le fil le plus long.

6 Pour terminer, ajoutez une perle à écraser E et l'autre extrémité du fermoir. Repassez les deux fils dans la perle E et dans quelques perles. Écrasez la perle E avec la pince plate et coupez l'excédent des fils.

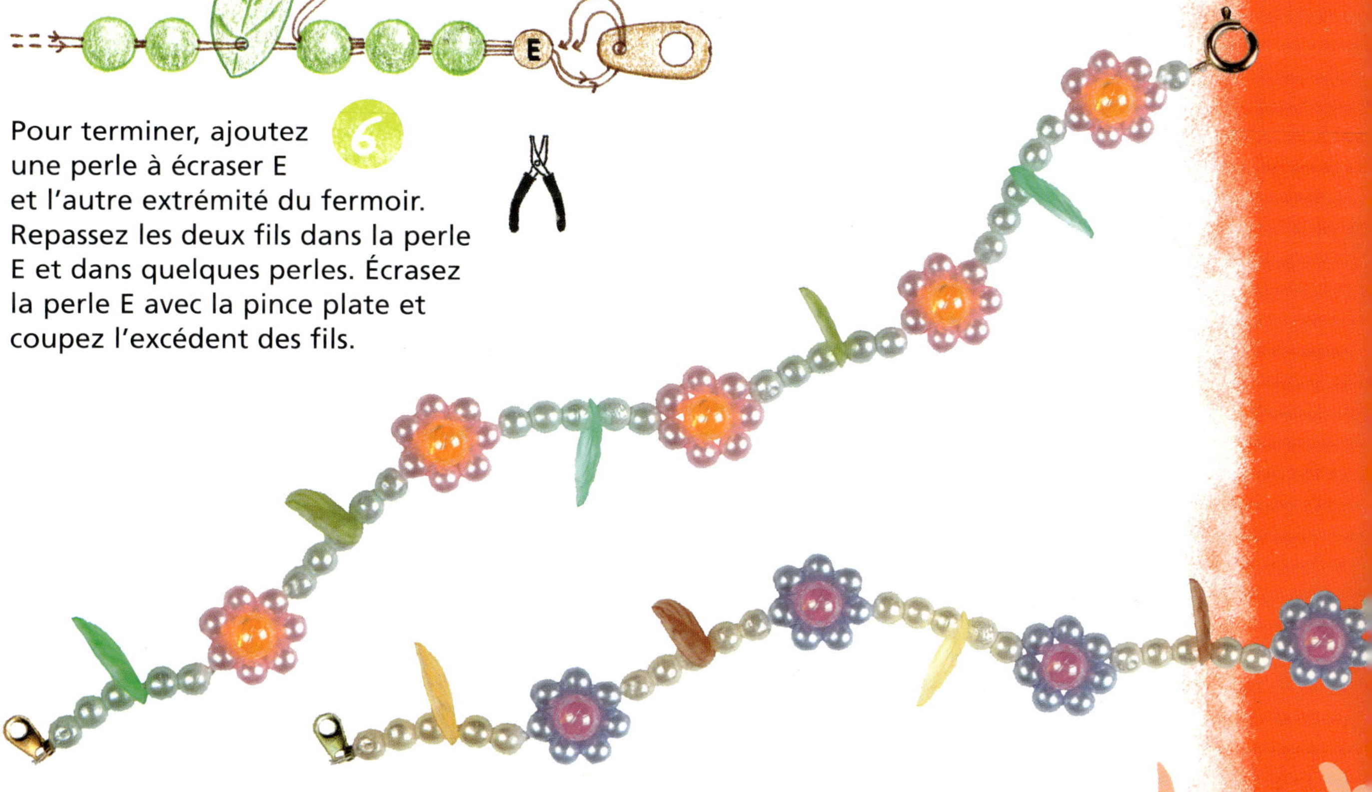

La maison porte-photos

MATÉRIEL

notions espace

1 feuille violette • 1 feuille bleue • 1 feuille jaune • 1 feuille rose

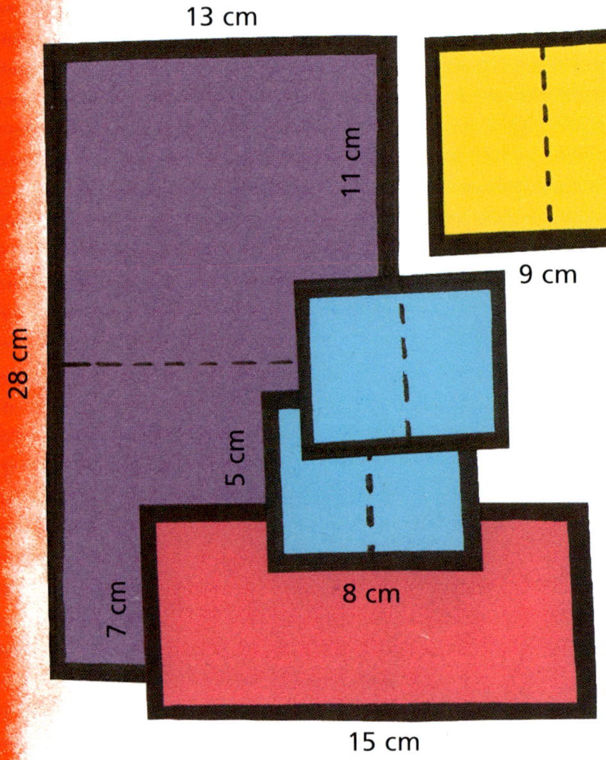

1 Pliez en 2 la feuille violette. C'est la façade de la maison.

2 Pliez en 2 les 2 feuilles bleues et collez ces 2 fenêtres sur le recto. Pliez en 2 une feuille jaune et collez-la pour obtenir une porte.

3 Pour le toit de la maison : tracez un triangle sur la feuille rose (15 x 7 cm), découpez et collez.

Derrière les fenêtres et la porte, collez les photos des personnes que vous aimez.

Maison serre-livres

MATÉRIEL

notions espace

une boîte à chaussures

1 Suivant le gabarit p. 121, dessinez 2 maisons de part et d'autre d'un angle de la boîte à chaussures.

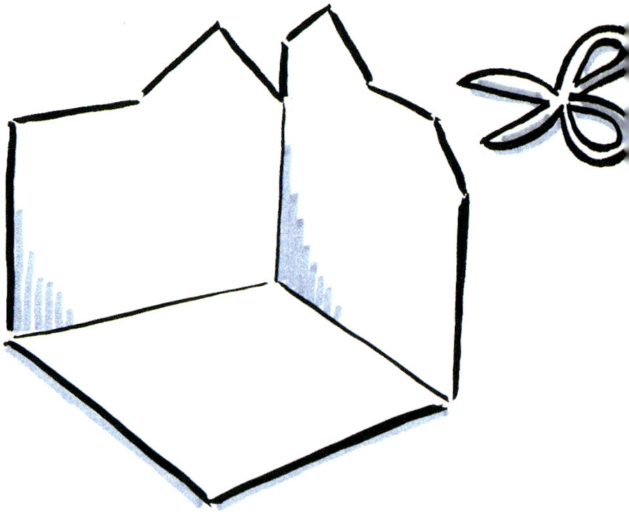

2 Découpez l'angle de cette boîte suivant le dessin, sans oublier de laisser une bonne partie du fond.

3 Mettez en couleur.

4 Et recommencez la même chose dans un autre angle afin d'avoir 2 parties pour maintenir les livres.

DES MOYENS DE LOCOMOTION

Boîte à mouchoirs

MATÉRIEL

notions d'espace

une boîte à mouchoirs • de la peinture acrylique écrue • du papier fort de couleur

1 Avec de la peinture acrylique, peignez la boîte à mouchoirs.

2 Reportez le gabarit (p.121) sur les différents papiers de couleur.

3. Découpez chaque partie et assemblez chaque côté séparément.

4. Collez chaque face sur la boîte à mouchoirs et ajoutez, pour finir, les échelles, les phares et le gyrophare.

Le biplan

motricité

MATÉRIEL

un tube de carton essuie-tout • 5 bouchons de liège • du papier carton • de la peinture • un bâton d'esquimau

1 Crantez une extrémité du tube. Mettez un bouchon de liège à l'intérieur et refermez en collant.

2 Collez 4 bouchons de liège 2 à 2 et découpez sur le papier carton : les 2 ailes et les 3 ailerons arrière.

3 Peignez tous les éléments en couleur ainsi que deux demi-bouchons en noir pour en faire les roues.

4 Une fois secs, rassemblez tous les éléments. Collez le corps de l'avion sur l'aile inférieure et un bâton d'esquimau peint pour faire l'hélice.

La formule 1

MATÉRIEL

notions d'espace

un tube de carton essuie-tout • une capsule d'œuf surprise • 3 bouchons de liège • du papier cartonné

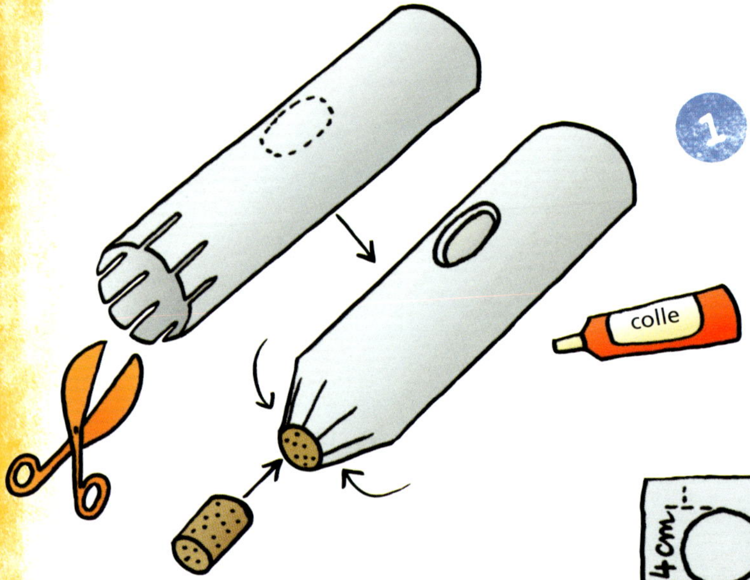

1 Crantez une extrémité du tube et découpez un trou au milieu. Collez les crans sur un bouchon de liège.

2 Découpez dans du carton : 4 roues peintes en noir, un aileron arrière en T peint en couleur, un carré avec le numéro de la voiture. Peignez 4 demi-bouchons en noir.
Collez le tout.

3 Percez le tube à l'avant et à l'arrière avec 2 bâtons de brochette qui seront les axes des roues. Collez l'aileron à l'arrière.

4 Peignez un visage sur la capsule d'œuf et introduisez celle-ci dans la voiture.

L'aéroglisseur

MATÉRIEL

créativité

une barquette de carton (fruits) • une petite boîte de carton • du papier de couleur • des gouaches • deux bâtons • 2 cylindres de carton • un élastique • une réglette en bois

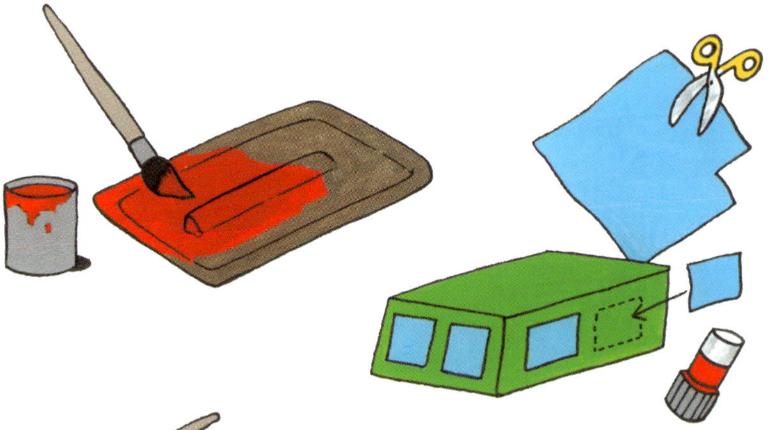

1 Peignez la barquette en rouge. Collez des fenêtres sur la boîte après l'avoir recouverte de papier vert.

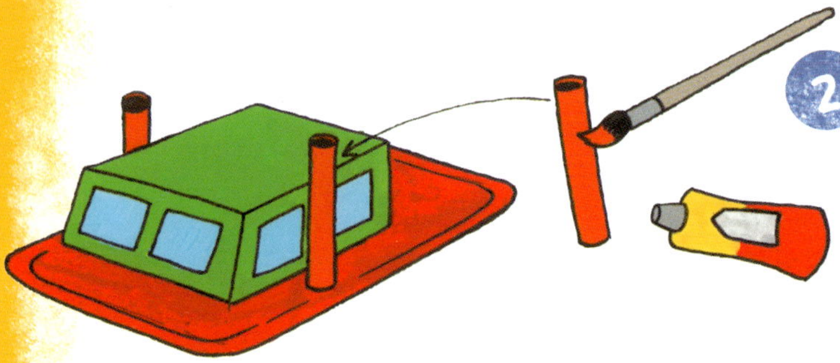

2 Collez la boîte sur la barquette. Prenez 2 petits cylindres de carton et collez-les de chaque côté de la « cabine » afin d'imiter les prises d'air de l'aéroglisseur.

3 Fixez 2 bâtons sur la barquette en les faisant dépasser de moitié à l'arrière. Passez-y un élastique.

Collez en dessous de l'aéroglisseur 1 morceau de mousse isolante. Introduisez la réglette de bois au milieu de l'élastique et tournez au maximum. Déposez l'aéroglisseur sur l'eau et lâche la réglette. En se défaisant, l'élastique fait tournoyer la réglette qui fera avancer le bateau.

4

VARIANTE

Collez 2 rondelles de carton de 4 cm sur l'arrière de la barquette. Découpez 2 hélices de papier que vous fixez à l'extrémité de piques à brochette introduites dans la boîte.

L'avion de chasse

notions d'espace

MATÉRIEL

un cylindre de carton (essuie-tout) • du papier cartonné • de la gouache verte et blanche • de la colle • des ciseaux • des crayons

1. Prenez un morceau de papier, faites-en un cône et collez celui-ci à l'extrémité du cylindre de carton.

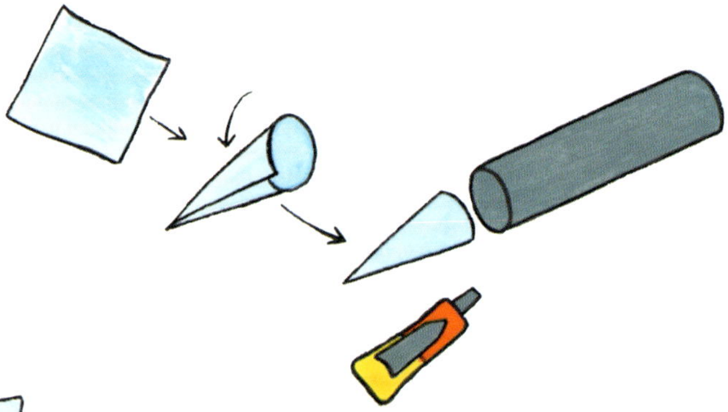

2. Découpez dans le papier cartonné 2 ailes, 2 petits ailerons et le gouvernail. Repliez le bord de chaque élément et collez-les sur le corps de l'avion.

3. Peignez le tout en vert clair en mélangeant les gouaches blanche et verte. Une fois sec, peignez des taches en vert foncé.

4 Découpez dans le papier « une amande » pour la lucarne de pilotage, une bandelette pour le réacteur et 2 bombes avec leur « attache ». Collez le tout sur l'avion.

La limousine

MATÉRIEL

2 barquettes (margarine) • 2 briques (lait, jus) • de la gouache grise et noire • du papier de couleur • un cure-dents • 4 couvercles de bocal • 2 piques à brochette en bois • 2 bouchons de liège • du papier collant • de la colle

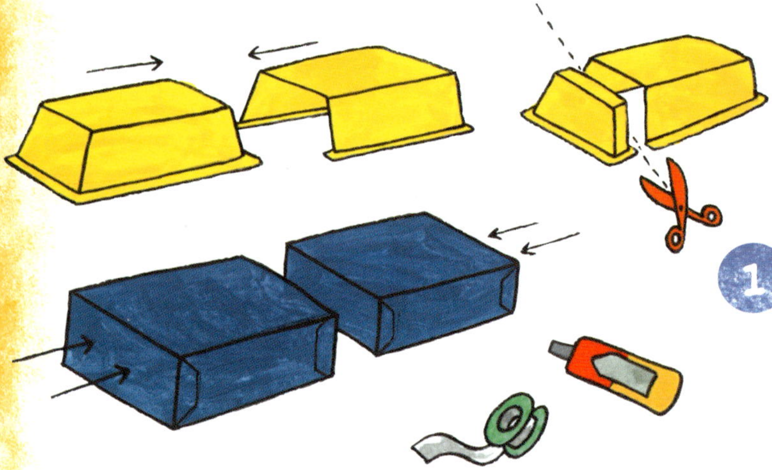

1 Prenez 2 barquettes de margarine et juxtaposez-les en longueur. Faites de même avec les 2 briques de lait.

2 Collez le tout ensemble pour avoir la silhouette de la limousine et peignez celle-ci en noir.

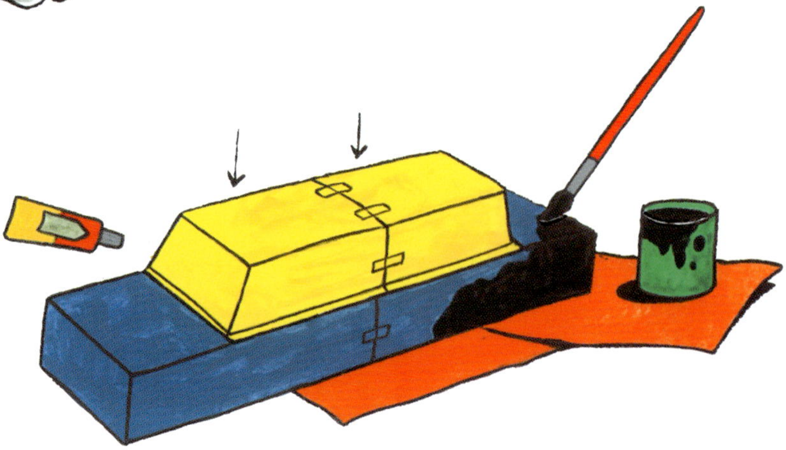

3 Une fois la voiture sèche, utilisez le papier couleur pour la garnir : les fenêtres, la calandre avec les phares, les toits ouvrants, les 2 drapeaux (avec 2 morceaux de cure-dents) et l'antenne arrière en forme de boomerang.

4 Collez un demi-bouchon de liège au centre de chaque couvercle et une fois sec, peignez le tout en gris. Introduisez les 2 piques à brochette à l'avant et à l'arrière de la voiture et enfoncez-y les roues à chaque extrémité. Pour la touche finale, collez-y de beaux enjoliveurs.

Le bus anglais

MATÉRIEL

une boîte à chaussures • du papier blanc • du papier rouge • 4 couvercles de bocaux • 2 piques à brochette en bois • 2 bouchons de liège • peintures • crayons

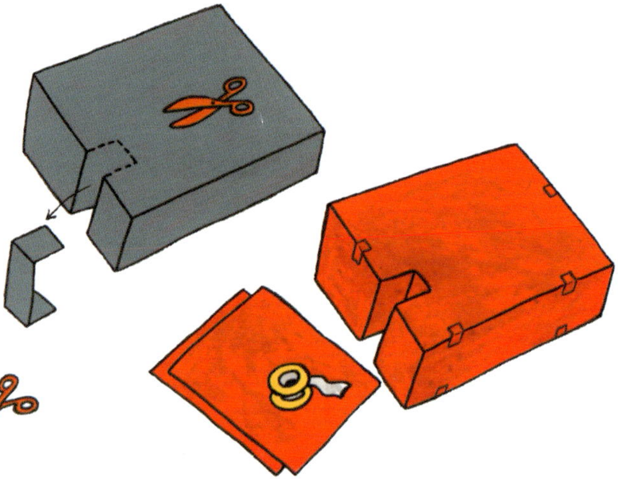

1. Découpez la forme du bus anglais dans la boîte et recouvrez-la de papier rouge.

2. Découpez une bandelette blanche que vous collez horizontalement afin de bien distinguer le premier étage. Collez aussi les fenêtres latérales, le pare-brise ainsi que les phares.

3. Collez au centre de chaque couvercle un demi-bouchon de liège et peignez les 4 « roues » en noir.

4

Percez l'avant et l'arrière du bus pour y introduire les 2 piques à brochette qui serviront d'axes pour les roues. Fixez les 4 roues à chaque extrémité des baguettes en bois. Pour la touche finale, collez-y de beaux enjoliveurs et l'inscription « London » sur le bus.

Transport d'œufs

MATÉRIEL

1 boîte de 6 œufs • 1 pointe • 4 bouchons à tête : cidre, champagne • 2 pailles • 2 piques à brochette • 1 allumette • un peu de papier de couleur • de la colle • de la gouache

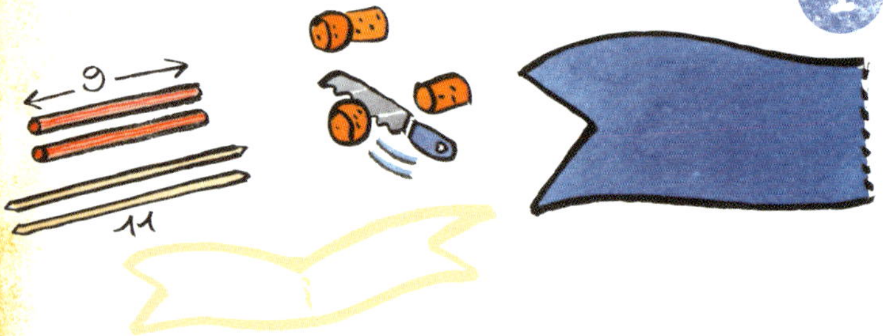

1 PRÉPARATION
Coupez les 2 pailles à 9 cm, les 2 piques à 11 cm, épointez les extrémités. Demandez à un adulte de couper les têtes des bouchons. Calquez, reportez et découpez le drapeau en double.

2 PEINTURE
Dessinez des fenêtres et des têtes sur le couvercle. Peignez la boîte, les têtes, les fenêtres, les roues, la pointe.

3 MONTAGE
Collez les 2 pailles sous les alvéoles. Enfilez les 2 piques dans les pailles. Enfoncez les roues sur les piques.

4 LE DRAPEAU
Pliez en 2 le drapeau et collez les 2 intérieurs sur l'allumette.
Collez la pointe sur le couvercle, faites un trou au sommet, enfoncez-y le drapeau.

Le train à bonbons

MATÉRIEL

boîtes d'allumettes • carton fin • peinture • pinceaux • colle • ciseaux • rouleaux en carton • scoubidous

1 Sur le carton, dessinez les formes des lutins (voir patrons pp. 122 et 123), les roues, et les 2 ronds pour fermer la locomotive.

2 Découpez tous les éléments puis 1 rouleau pour faire la cheminée de la locomotive.

3 Peignez les lutins, les boîtes, les roues et les rouleaux. Laissez sécher. Collez les lutins dans les boîtes, les roues et assemblez la locomotive.

4

Faites un trou à l'avant et à l'arrière des deux premiers wagons (un seul à l'avant du dernier). Coupez des bouts de scoubidous. Glissez-les dans les trous puis faites des nœuds. Accrochez la locomotive en faisant un trou au bas de la cheminée. Posez le train sur la table de Noël pour mettre des gâteaux apéritifs ou des bonbons.

NOËL

Cartes découpées

MATÉRIEL

feuille A4 • bristol de couleur • crayon • ciseaux • feutre doré ou argenté • gommettes

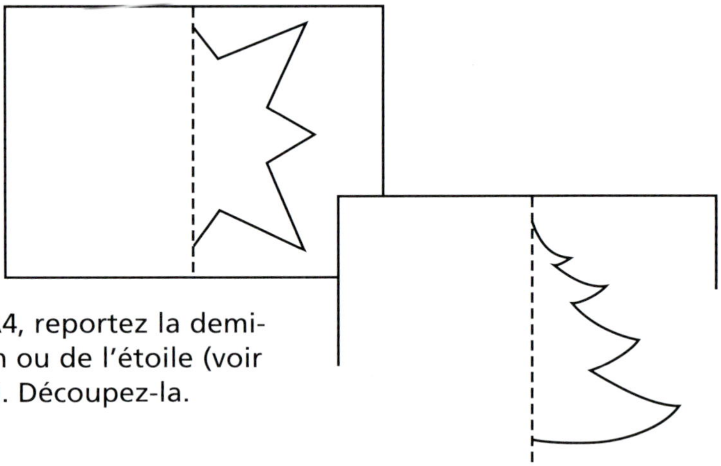

1 Sur la feuille A4, reportez la demi-forme du sapin ou de l'étoile (voir gabarit p. 124). Découpez-la.

2 Pliez une feuille de bristol de couleur en deux. Placez le patron sur la carte (aligné à gauche). Tracez-y les contours du patron.

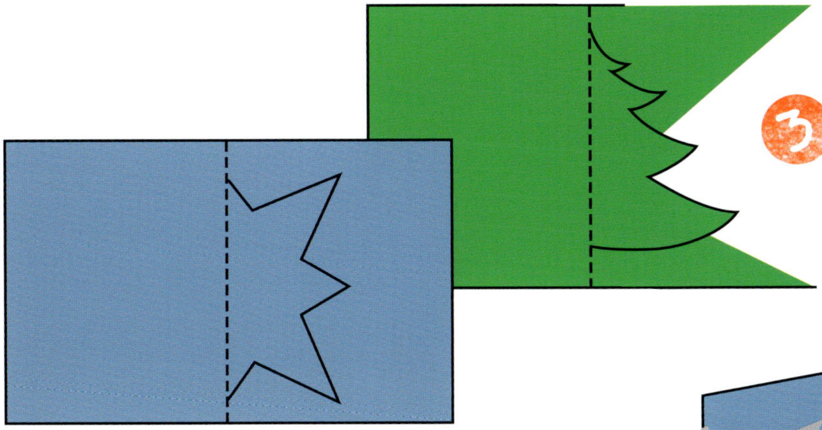

3 Ouvrez la carte et découpez les contours dessinés.

4 Repassez au feutre doré ou argenté les bords de l'étoile ou du sapin (recto verso) et dessinez ces contours sur l'intérieur de la carte. Décorez à votre guise.

Mini sapins de Noël

MATÉRIEL

notions d'espace

du carton • des ciseaux • de la gouache • gommettes • paillettes...

1 Sur le carton, reportez l'une ou l'autre forme de sapin. Il faut 2 mêmes formes pour un sapin.
Tracez et découpez 2 fentes de 1mm de large, une sur la moitié du haut, une sur la moitié du bas.

2 Introduisez les fentes l'une dans l'autre.

3 Peignez et décorez de paillettes, de gommettes, etc.

Des clochettes de rêve

MATÉRIEL

motricité

des étoiles • du papier à dessin rouge, jaune • une agrafeuse • du fil doré • un feutre doré • des perles pour décorer

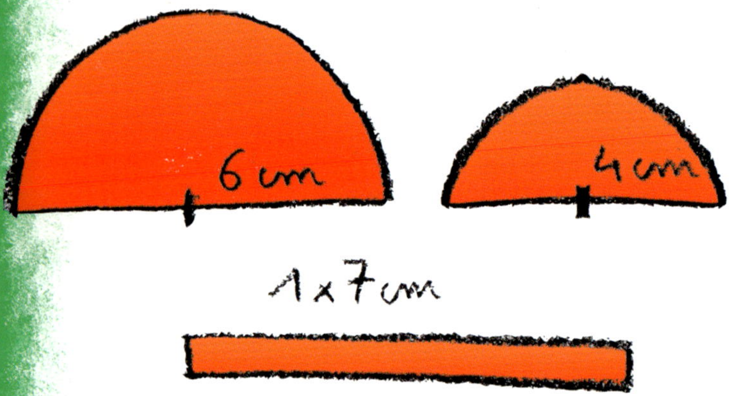

1 Tracez et découpez un demi-cercle de 6 cm de rayon et un deuxième de 4 cm de rayon + une bandelette de 1 x 7 cm pour l'anse.

2 Formez un cône avec chaque demi-cercle et agrafez.

Percez la bandelette au centre et agrafez-la sur deux bords opposés du petit cône.

3

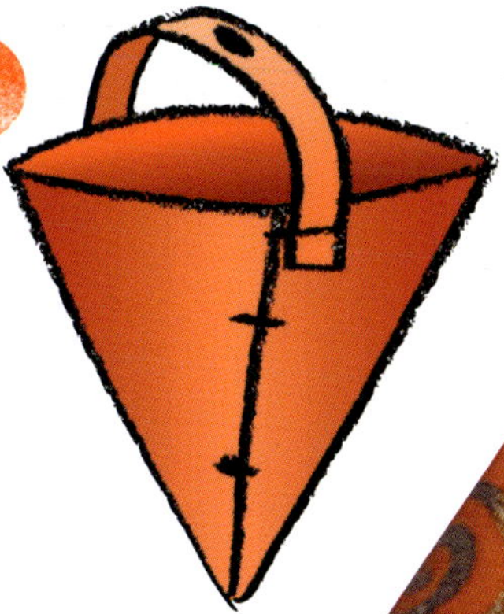

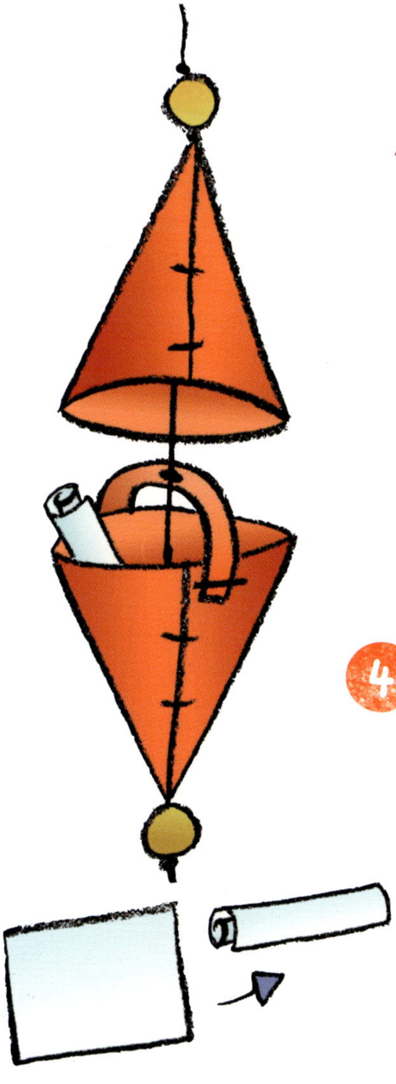

4

Coupez une vingtaine de centimètres de fil doré ; faites un nœud. Enfilez une perle, passez le fil dans le petit cône, au centre de l'anse puis dans le grand cône et terminez par une ou deux perles. Décorez la cloche à rêves avec des petites étoiles ou en inscrivant votre prénom et glissez sur un papier roulé votre rêve le plus fou. Fabriquez des cloches à rêves pour votre famille et vos amis.

Des paniers cœurs

MATÉRIEL

du papier à dessin rouge et blanc •
des ciseaux • de la colle

1 Découpez une bande de papier rouge et une bande de papier blanc de 18 x 6 cm : posez-les l'une sur l'autre, pliez-les en deux et arrondissez l'extrémité, côté opposé au pli. Séparez les deux épaisseurs. Reportez la largeur de la bande sur la hauteur, tracez puis découpez 4 bandes égales.

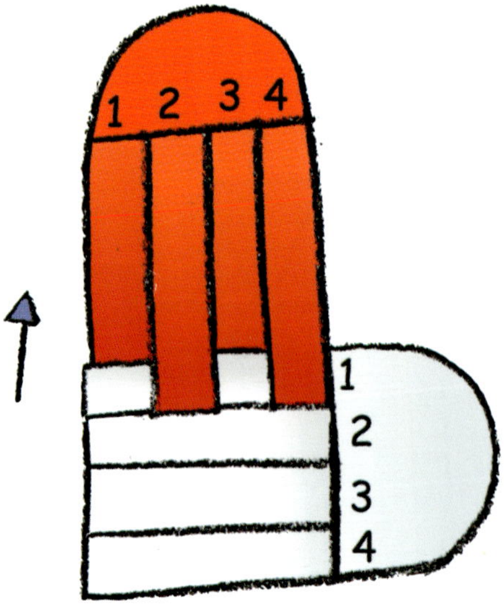

2 Passez la bande 1 blanche à l'intérieur de la bande rouge 4 puis la bande 3 rouge à l'intérieur de la bande 1 blanche, la bande 1 blanche dans la bande 2 rouge, la bande rouge 1 dans la bande 1 blanche. Poussez la bande blanche déjà engagée vers le haut du cœur rouge.

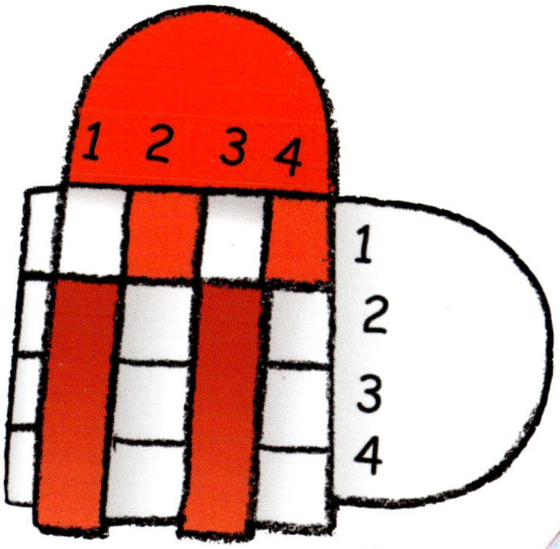

3

Passez la bande 4 rouge à l'intérieur de la bande blanche 2 puis la bande blanche 2 à l'intérieur de la bande rouge 3 puis la bande rouge 2 à l'intérieur de la bande blanche 2 puis la bande blanche 2 à l'intérieur de la bande rouge 1. Continuez ainsi, bande par bande, le tressage de papier.

4

Lorsque le cœur est terminé, coupez une petite lanière de papier, pliez-la et collez les extrémités à l'intérieur du cœur ; il ne reste plus qu'à glisser une noix ou une friandise à l'intérieur du « panier » et de l'accrocher au sapin.

Une étoile

MATÉRIEL

des ciseaux • du papier canson de couleur • de la colle

notions d'espace

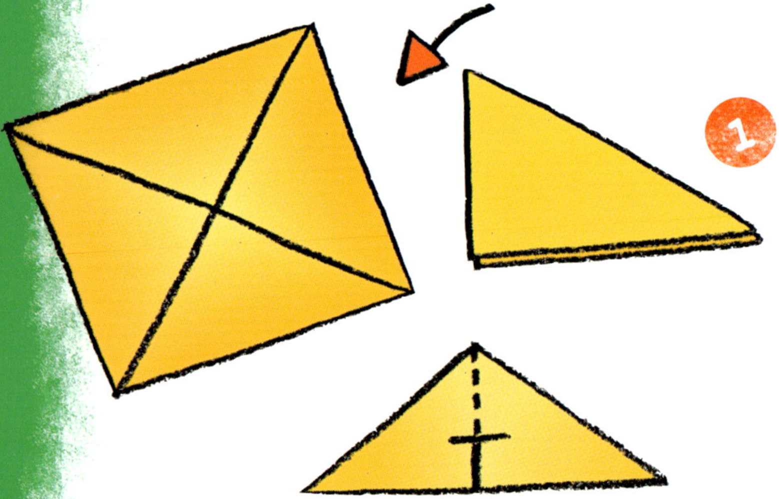

1 Pour chaque étoile, découpez un carré (minimum 15 cm de côté) et pliez-le en quatre par les diagonales pour obtenir un triangle isocèle ; tracez la hauteur du triangle et coupez à mi-hauteur sur les 4 épaisseurs.

2 Découpez des entailles sur les côtés du triangle pour créer des motifs de dentelle et ouvrez le carré.

3 Rabattez les parties incisées vers l'intérieur : faites-les se chevaucher et collez-les

4 Avant de coller la dernière branche, intégrez une petite ficelle pour suspendre l'étoile ; assemblez deux étoiles dos à dos en décalant leurs branches. Vous pouvez construire une très grosse étoile et glisser à l'intérieur une ampoule électrique.

Anges en suspension

MATÉRIEL

motricité

carton • mousse d'emballage de récupération • gommettes étoiles • perles • scoubidous • ciseaux • colle • peinture • peinture à effet gonflant • yeux mobiles

1 Découpez dans le carton un grand rond pour le corps et un petit rond pour la tête, puis un tout petit pour le nez. Collez-les l'un sur l'autre, puis collez le nez.

2 Dans la mousse, découpez les ailes et l'auréole. Collez-les au dos de l'ange. Peignez l'ange. Laissez sécher. Collez des gommettes en forme d'étoiles et passez une couche de peinture plus foncée sur le corps. Décollez les gommettes.

3

Collez des yeux mobiles. Mettez de la peinture à effet gonflant autour des étoiles, des ailes et de l'auréole. Puis faites les joues, la bouche et les cheveux.

4

Faites 4 petits trous dans le rond du corps. Faites des nœuds au bout de 4 scoubidous. Enfilez 1 perle sur chacun. Passez les fils dans les trous puis faites un nœud.

Cœurs craquants

MATÉRIEL

motricité

de la pâte surgelée (brisée ou sablée) • du sucre glace • des petits bonbons • du papier à dessin

1 Calquez la forme d'un cœur sur du papier à dessin. Découpez-la.

2 Étalez la pâte. Posez-y la forme du cœur. Découpez-la avec un couteau. Faites ainsi plusieurs cœurs. Faites un petit trou avec une allumette dans chacun.

3 Disposez-les sur une plaque recouverte de papier sulfurisé. Faites cuire 10 à 15 min au four (th.5).

4 Préparez le glaçage : quelques gouttes d'eau dans une tasse de sucre glace avec un peu de colorant alimentaire.
Décorez avec des bonbons.
Nouez un ruban.

VARIANTE

Avec cette forme, vous pouvez faire un bouquet de cœurs en papier, fixés sur des fils de fer et piqués dans un pot de terre.

PATRONS

boîte à mouchoirs p. 86

cartes pop-up p. 21

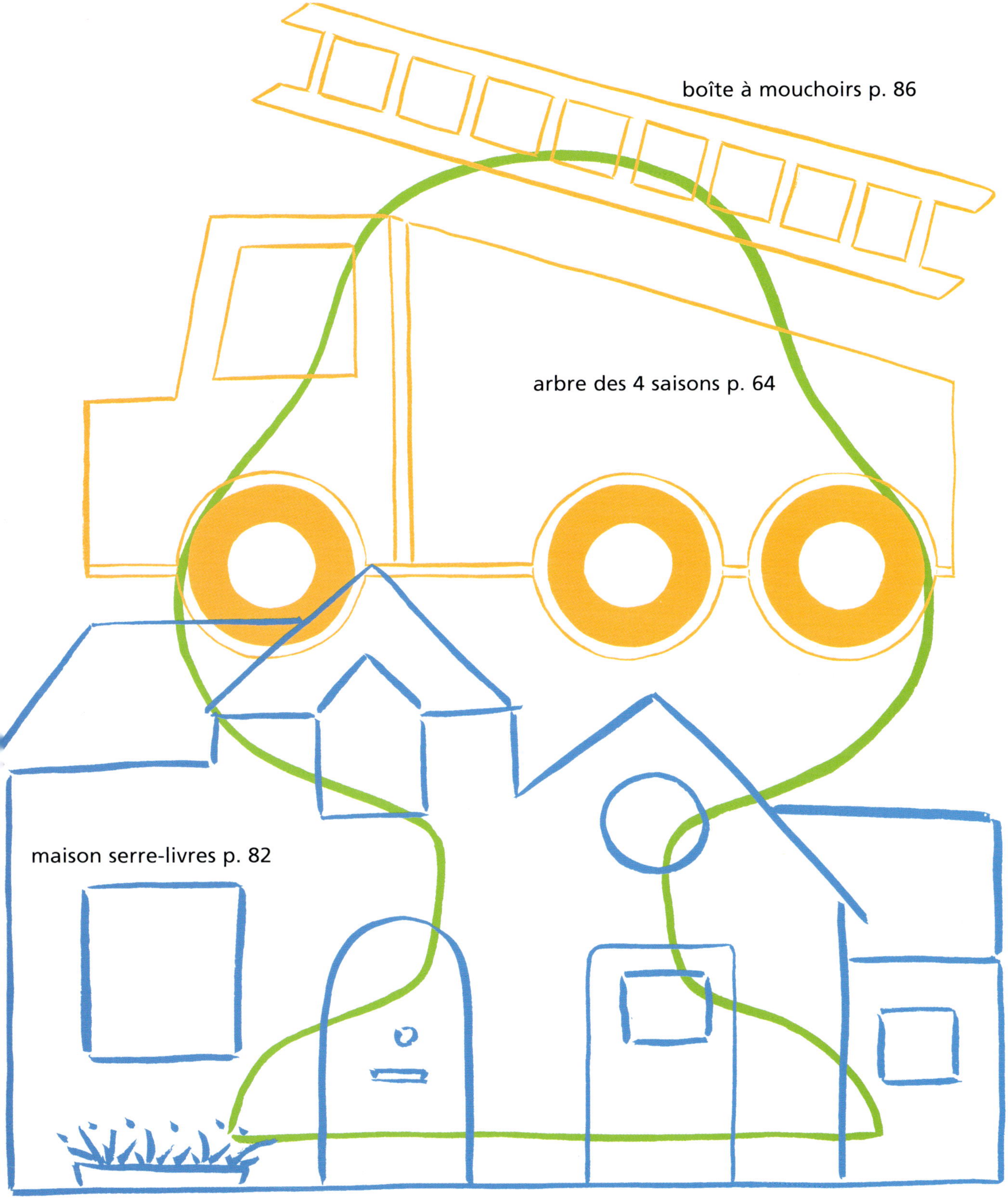
boîte à mouchoirs p. 86
arbre des 4 saisons p. 64
maison serre-livres p. 82

girafe et zèbre rigolos p. 26
ardoise nounours p. 26
train à bonbons p. 102

oiseau décoratif p. 17
poule balancier p. 14
train à bonbons p. 102

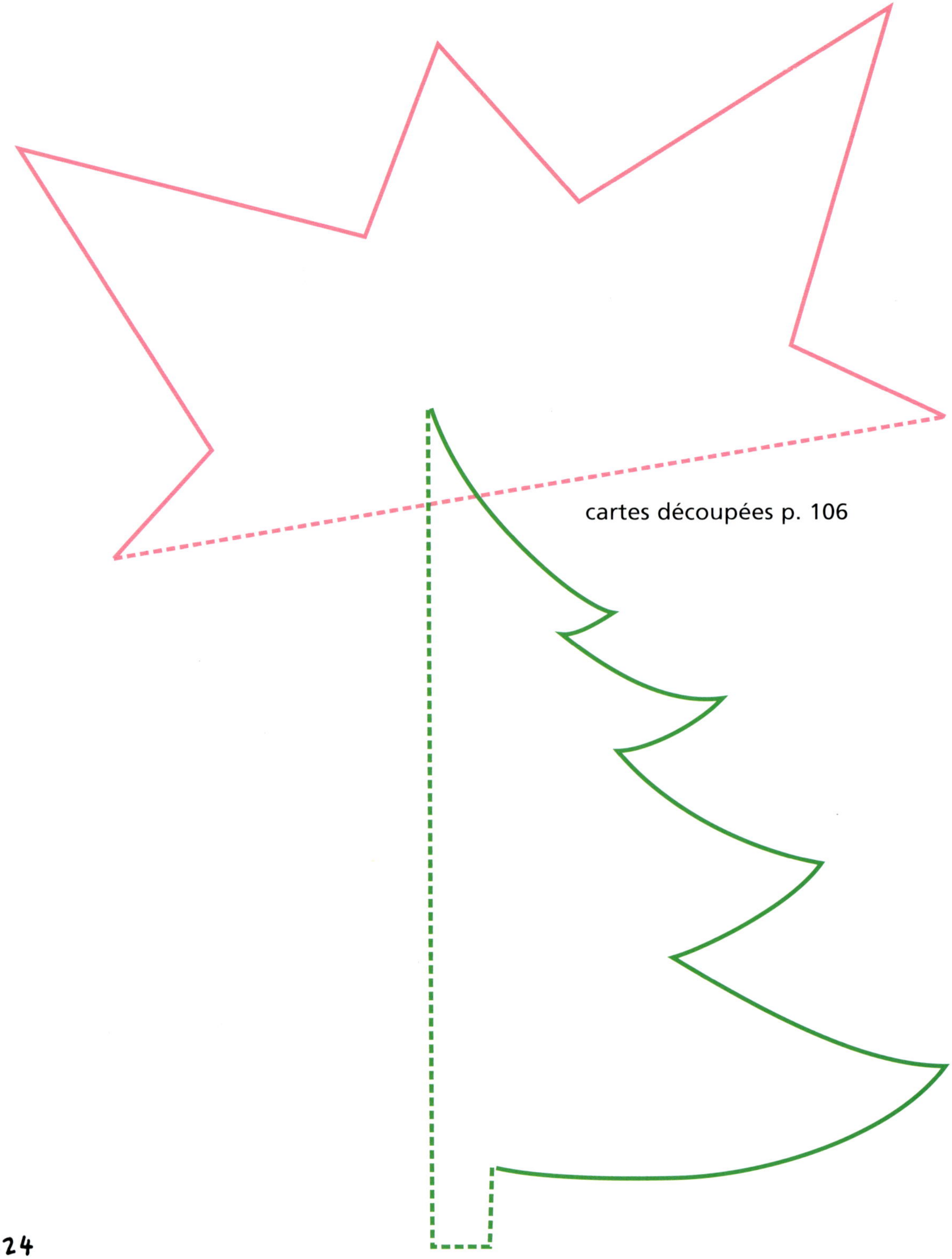

cartes découpées p. 106

CRÉDITS

Toutes les activités proposées dans cet ouvrage ont été publiées en albums thématiques de 24 pages chez Casterman :

• G. de Rosamel
pp. 42-47, 50-55, 58-61 issues de *Personnages rigolos*, coll. Fastoche
Les photographies de ces réalisations sont de l'auteur

• V. Follet
pp. 110 à 115 issues de *Noël du monde*, coll. Brico Eco
Les photographies de ces réalisations sont de l'auteur

• L. Greco
pp. 88 à 91 issues de *Constructions des tout petits*
Les photographies de ces réalisations sont du studio Nandinia
pp. 92 à 99 issues de *Brico de costauds*, coll. Fastoche
Les photographies de ces réalisations sont de l'auteur

• G. Lannoy
pp. 14 à 17, 20 à 23, 26 à 29, 64-65, 82-83, 86-87 issues de *Papier carton des tout petits*
Les photographies de ces réalisations sont de Lithomeuse

• V. Lebailly
102-103, 116-117 issues de *Créons Noël*
Les photographies de ces réalisations sont du studio Nandinia

• Stellina
pp. 78-79 issues de *Mes premiers bijoux de perles*, coll. Brico Eco
Les photographies de ces réalisations sont de Lithomeuse

• A. Tamarkin
pp. 18-19, 24-25, 68 à 71, 80-81 issues de *Découpages des tout-petits*
Les photographies de ces réalisations sont de Lithomeuse

• B. Theulet-Luzié
pp. 12-13, 40-41, 66-67 issues de *Créations du monde*, coll. Brico Eco
pp.74-75 issues de *Créations Nature*, coll. Brico Eco
pp. 30-33, 56-57, 72-73, 76-77, 100-101 issues de *Créations du jour*, coll. Fastoche
pp. 34-37, 48-49, 108-109, 118-119 issues de *Cadeaux*, coll. Fastoche
Les photographies de ces réalisations sont de Gérard Vinçon

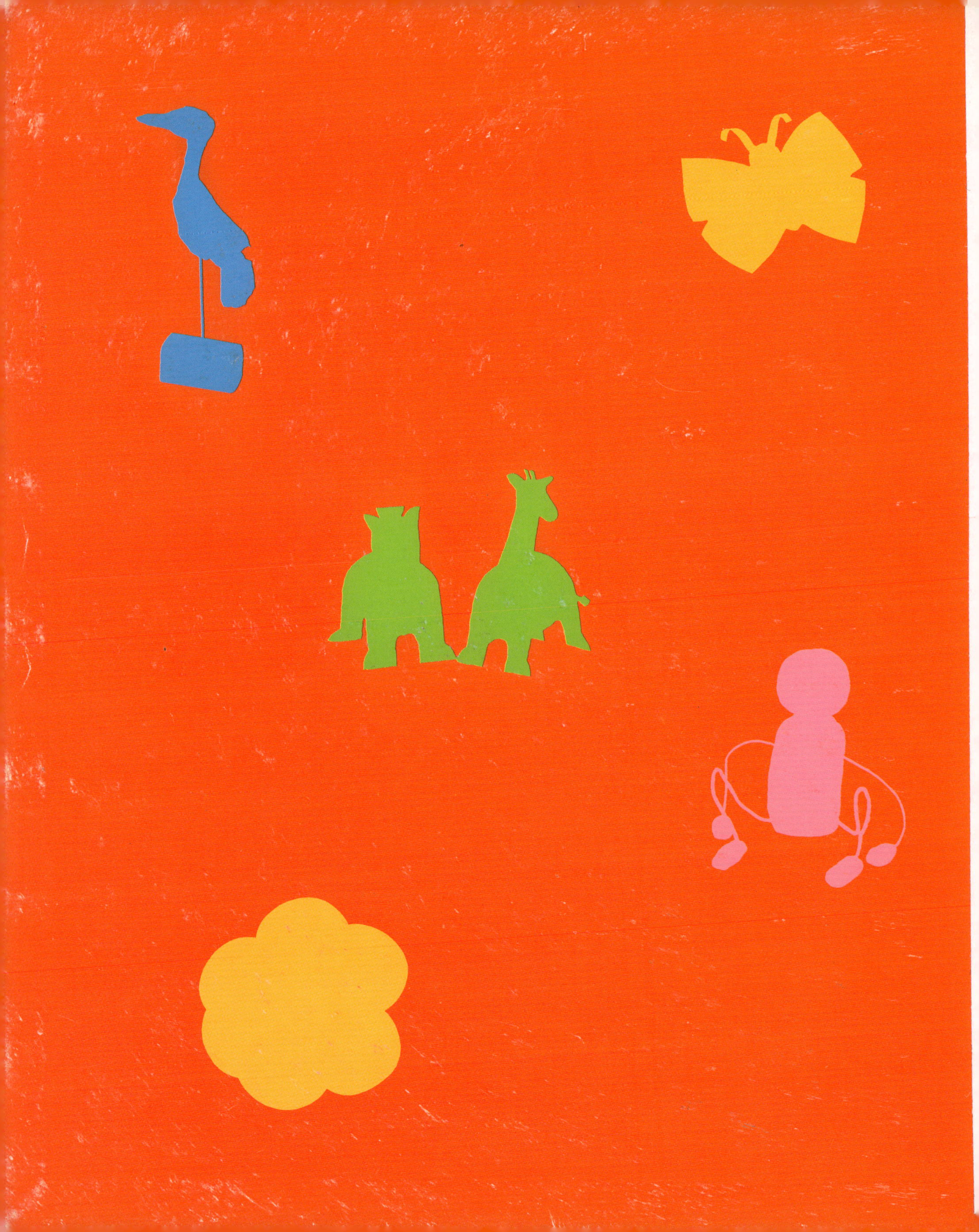